Und dann holte sie einen kleinen grünen Kerzenstummel aus ihrer Hosentasche und schenkte ihn dem Kind. „Wenn du sie anzündest, wird es hell", sagte sie. „Viel Freude damit!"

Und das Kind bedankte sich, steckte den grünen Kerzenstummel in seine Jacke, wünschte der Frau noch einen guten Tag und ging weiter.

Die Welt hatte sich verändert, sie war öde und dunkel. Ein eisiger Wind fegte durch leere Straßen. Nur wenige Menschen waren in der Kälte unterwegs.

Aber es gab ein Kind. Das konnte sich daran erinnern, was seine Großmutter ihm erzählt hatte. Dass es nämlich früher ein Fest gegeben hatte im Winter. Ein Fest, das Weihnachten geheißen hatte. Und alle Menschen hatten es geliebt. Doch es sei verloren gegangen, hatte die Großmutter gesagt.

Das Kind sehnte sich nach seiner Großmutter. Und weil sie nicht mehr bei ihm war, sehnte es sich nach dem Fest, von dem sie gesprochen hatte. Und es beschloss, Weihnachten zu suchen. Denn etwas, das verloren gegangen war, musste ja irgendwo sein.

Also ging es los.

Nach einer Weile traf es einen Bettler, der sich in eine Hausecke kauerte, um sich vor der Kälte zu schützen, und fragte ihn, ob er vielleicht wisse, wo Weihnachten sei.

„Das weiß ich nicht", sagte der. „Warum willst du das denn wissen?"

„Es ist verlorengegangen und ich will es wiederfinden", sagte das Kind.

„Also wenn ich mich richtig erinnere", sagte der Bettler, „dann hatte dieses Fest irgendetwas mit einem Stern zu tun." Und er griff in seine Hosentasche und holte einen kleinen Stern aus Goldpapier heraus. „Hier", sagte er. „Den schenke ich dir. Ich habe ihn gestern gefunden. Er leuchtet im Dunkeln."

Das Kind bedankte sich, steckte den Stern in seine Jacke, wünschte dem Bettler noch einen guten Tag und ging weiter.

Eine Zeit später traf es eine Frau, die ein Wägelchen mit Brennholz hinter sich herzog.

„Weißt du vielleicht, wo Weihnachten ist?", fragte das Kind sie.

„Das weiß ich nicht", sagte die Frau. „Ich glaube, es ist verlorengegangen."

„Darum suche ich es ja", sagte das Kind.

„Ich glaube, es hatte mit Kerzen zu tun", sagte die Frau. „Mit Licht. Ja, daran kann ich mich erinnern."

Wenig später traf es einen Mann, der ein Paket Stroh unter dem Arm trug. Das hatte er für seine Kaninchen gekauft.

„Weißt du vielleicht, wo Weihnachten ist?", fragte das Kind ihn.

„Weihnachten?", sagte er. „Nein, das weiß ich nicht. Aber mir ist so, als wenn Stroh irgendeine Rolle gespielt hatte bei diesem Fest. Weißt du was? Ich schenke dir etwas davon." Er nahm eine Handvoll Halme und band sie mit einer Schnur zusammen. Als er damit fertig war, betrachtete er das Ganze und sagte: „Ach guck mal, das sieht ja wie ein Engel aus." Und das stimmte. Es waren zwei Flügel zu sehen, ein langes Kleid und ein Kopf. Der Mann freute sich und gab dem Kind den Strohengel.

Das Kind bedankte sich, steckte den Engel in seine Jacke, wünschte dem Mann einen guten Tag und ging weiter.

Nach einiger Zeit traf es ein großes Mädchen, das als Aushilfe beim Bäcker arbeitete und eine riesige Kiepe mit Gebackenem auf dem Rücken trug. Es stöhnte unter seiner Last.

„Darf ich dich etwas fragen?", sagte das Kind.

Mit einem Seufzer stellte das Mädchen die Kiepe ab, als sei es froh, eine Pause zu haben. „Klar doch", sagte es.

„Weißt du vielleicht, wo Weihnachten ist?", fragte das Kind.

„Weihnachten? Keine Ahnung. Was ist das?"

„Ein Fest", sagte das Kind. „Es ist verlorengegangen und ich will es finden."

„Nein, das weiß ich nicht. Aber bei einem Fest muss man auf jeden Fall essen", sagte das Mädchen, öffnete die Kiepe und nahm ein weißes Brot heraus. „Hier, das schenk ich dir. Lass es dir schmecken! Und mögest du Weihnachten finden!"

Da bedankte sich das Kind, steckte das Brot in seine Jacke, wünschte dem Mädchen einen guten Tag und ging weiter.

Bald danach traf es einen Mann, der eine Gitarre über der Schulter trug.

„Weißt du vielleicht, wo Weihnachten ist?", fragte das Kind ihn.

„Leider nein", sagte der Mann. „Aber ich bin Musiker, und mir hat schon lange niemand mehr zugehört. Willst du mir zuhören? Ich könnte dir ein Lied vorsingen."

„Gern", sagte das Kind.

Und der Mann nahm seine Gitarre von den Schultern und begann zu singen, so wunderschön, dass das Kind ihn bat, gleich noch einmal zu singen, damit es das Lied lernen könne. Und das tat der Musiker dann auch. Nachdem er es dreimal gesungen hatte, sagte er: „Weißt du was? Ich schenke dir das Lied. Warte, ich schreibe dir den Text auf." Und er nahm einen Zettel und schrieb den Text auf und gab dem Kind den Zettel.

„Das Lied ist wirklich schön!", sagte das Kind.

„Jetzt kannst du es singen, wann immer du willst", sagte der Mann. „Es gehört dir." Und das Kind dankte ihm, steckte den Zettel in seine Jackentasche, wünschte dem Musiker einen guten Tag und ging weiter.

Nachdem es lange allein durch die Kälte gegangen war, traf es vor einem Blumenladen eine grauhaarige Frau, die gerade dabei war, ein paar Zweige Tannengrün einzusammeln und in den Laden zurückzubringen.

„Weißt du vielleicht, wo Weihnachten ist?", fragte das Kind sie.

„Nein", sagte die Frau. „Das würde ich selbst gern wissen. Es ist schon so lange her, dass ich davon gehört habe. Ganz früher, als ich jung war und diesen Laden hier aufgemacht hatte, da haben die Menschen um die Weihnachtszeit immer Tannengrün gekauft. Aber heute nicht mehr. Möchtest du Tannengrün kaufen?"

„Ich habe aber kein Geld", sagte das Kind.

„Ach, dann schenke ich dir einfach ein Bund", sagte die Frau. „Es duftet so schön, weißt du? "

„Gern", sagte das Kind.

„Damals gab es auch noch Blumen", sagte die Frau, und ihre Stimme wurde ganz warm. „Weißt du, wie schön das war? Ganz viele Blumen, in allen Farben. Und die Menschen freuten sich daran." Und sie hob einige Zweige Tannengrün auf, band sie zusammen und reichte sie dem Kind.

Das roch daran und es duftete wirklich herrlich. „Dankeschön", sagte es, steckte das Tannengrün in seine Jacke, wünschte der Verkäuferin einen guten Abend und ging weiter.

Nun wurde es immer dunkler und kälter, und das Kind sah lange keine Menschenseele mehr auf den Straßen. Es wickelte sich fester in seine Jacke, und dabei fühlte es all die schönen Geschenke, die es bekommen hatte und dachte an die Menschen, die sie ihm geschenkt hatten, einfach so.

Da sah es von ferne eine alte Frau auf sich zukommen. Sie ging vornübergebeugt mit kleinen Trippelschritten den Bürgersteig entlang. Man sah ihr an, wie schwer ihr das Gehen fiel.

Als die Alte heran war, blieb sie stehen, schaute das Kind an und fragte: „Wo willst du denn noch hin, so spät am Abend?"

„Ich suche Weihnachten", sagte das Kind. „Ich bin schon lange unterwegs und habe viele Menschen gefragt, ob sie wissen, wo es ist. Sie waren freundlich und haben mir etwas geschenkt, was mit Weihnachten zu tun hat, aber wo Weihnachten ist, konnte mir niemand sagen. Weißt du es vielleicht?"

„Ja, ich weiß es", sagte die Alte.

„Du weißt es?!", rief das Kind freudig und machte große Augen. „Und wo ist es?"

„In deinem Herzen", sagte die Frau. „Und wenn es dort nicht ist, ist es nirgendwo."

Da wurde das Kind traurig. „Aber dann kann ich es ja nie finden, wenn es dort nicht ist", sagte es.

„Du musst nicht traurig sein", sagte die Alte. „Denn so, wie du dich danach sehnst, ist es längst in deinem Herzen. Daran gibt es gar keinen Zweifel."

„Wirklich?", fragte das Kind.

„Wirklich", sagte die Frau. „Und weil es dort ist, ist es auch nicht verloren gegangen. Darum können wir es auch gemeinsam feiern, wenn du möchtest. Wenn du willst, kann ich dir alles über dieses schöne Fest erzählen. Wie es entstanden ist, wie man es feiert und was es mit einem macht. Denn es ist ein ganz besonderes Fest. Aber jetzt ist schon fast Nacht. Ich bin sehr erschöpft. Auch du siehst ziemlich müde aus. Wir sollten uns erst etwas ausruhen."

Das Kind war einverstanden, und so gingen sie beide zu der Alten nach Hause. Es war eine kleine Wohnung, nur ein einziger Raum, karg und dunkel und kalt. Die Alte kochte einen Tee. Dann setzten sie sich, und das Kind holte all seine Geschenke hervor und legte sie auf den Tisch: Den Stern aus Goldpapier und den grünen Kerzenstummel, den Strohengel und das Brot, das Lied und das duftende Tannengrün.

Die Alte stellte das Tannengrün in ein Glas mit Wasser, hängte den Engel und den Stern an die Zweige, und dann aßen sie von dem Brot, tranken Tee, sangen das Lied des Musikanten, und ganz am Ende, als die Alte die kleine grüne Kerze anzündete, begann der goldene Stern so stark zu glitzern und zu leuchten, als stünde er direkt über ihnen am Himmel. Da verwandelte sich der Raum um sie und wurde wunderbar hell und warm.

„Ist jetzt Weihnachten?", fragte das Kind leise.

„Ja", sagte die Alte. „Jetzt ist Weihnachten."

Über die Autorin:

Doris Bewernitz, freie Autorin, 26 Bücher, mehrere Literaturpreise. Leidenschaftliche Gärtnerin, lebt in Berlin. Vor der Entscheidung, ihr Leben dem Schreiben zu widmen, arbeitete sie als Krankenschwester, Lehrerin, Drogenberaterin, Protokollantin im Strafgericht, Spielplatzgestalterin, Dozentin in der Erwachsenenbildung, Sozialarbeiterin und Psychotherapeutin.